나는 낮에 쿨쿨 자고
캄캄한 밤에
활동을 하지.
나는 부우와 반대로
낮에 활동을 하고 밤에는
새근새근 잠을 자지.
활동하는 시간이
달라서 둘이 만나기
힘들었구나.
1
병아리 반

글 이경혜

진주에서 태어나 한국외국어대학교에서 불어교육학을 공부했습니다.
1992년 문화일보 동계문예에 중편 소설이 당선되었고,
2001년 '한국백상출판문화상'을 수상했습니다. 그동안 <행복한 학교>,
<안 잘래!>, <안 먹을래!>, <유명이와 무명이>, <마지막 박쥐 공주 미가야> 등을
썼고, 좋은 그림책을 번역하고 있습니다.

그림 김규택

좋은 그림으로 재미있는 이야기를 많이 보여 주고 싶은 욕심 많은 화가입니다.
가장 재미있는 일도, 가장 힘든 일도 그림 그리는 것입니다. 대학에서 조형 예술을,
꼭두일러스트교육원에서 그림책을 공부한 뒤 그림 작가로 활동하고 있습니다.
쓰고 그린 책으로는 <세상에서 가장 큰 가마솥>, <옛날 옛날>이 있고,
<서당 개 삼년이>, <라면 먹는 개>, <조선 왕이 납신다> 등을 그렸습니다.

감수 박시룡

경희대학교 생물학과를 졸업하고 독일 본대학교에서
동물행동학을 전공하여 박사 학위를 받았습니다.
한국교원대학교 생물교육과 교수, 황새복원연구센터 소장을 지냈습니다.
지은 책으로 <와우! 우리들의 동물친구>, <동물행동학의 이해> 등이 있고,
옮긴 책으로는 <딱새를 속여 번식하는 뻐꾸기>,
<진딧물을 길들이는 붉은개미> 등이 있습니다.
KBS <동물의 세계>, <동물의 왕국>의 감수도 맡고 있습니다.

우주와 지구 · 낮과 밤 **29 나는 낮에 너는 밤에**

이경혜 글 · **김규택** 그림 · **박시룡** 감수
펴낸곳 (주)아람키즈 | 펴낸이 이소영 | 주소 서울특별시 성동구 성수이로 147, 아이에스비즈타워 2F
고객센터 1644-4521 | 팩스 02-468-5548 | 홈페이지 www.aramkids.co.kr | 출판등록 제2020-000011호
기획 · 편집 · 디자인 (주)아람키즈 하늘땅
ISBN 979-11-6543-538-7 979-11-6543-574-5(세트)

나는 낮에 너는 밤에

이경혜 글 · 김규택 그림 · 박시룡 감수

아람키즈

이 아이는 준이이고,

이 새는 **솔부엉이*** 부우야.

준이와 부우는 가까이 사는데도 거의 만난 적이 없어.
왜 그럴까?

지금은 아침.
해가 뜰 때,
준이는 일어나
기지개를 쭉 켜지.

하지만
부우는 졸려서
큰 눈을 끔뻑끔뻑.

해가 눈부신 햇살을 뿌릴 때,
준이는 친구들이 있는
유치원에 가.

지금은 한낮.
해가 머리 위로 올라올 때,
준이는 친구들이랑
맛있게 점심을 먹어.

그때 부우는 쿨쿨 잠을 자지.

해가 긴 그림자를 만들 때까지
준이는 친구들이랑 놀이터에서
신나게 놀아.

부우는 드르렁드르렁,
아직도 잠을 자네?

해가 산 너머로 쏙 숨을 때,

준이는 엄마, 아빠와 저녁을 먹어.

부우는 그제야
날개를 쭉 펴고 기지개를 켜지.

땅거미*가 어둑어둑 깔릴 때,
준이는 아빠 손을 잡고
산책을 가.

부엉부엉!

부우는 나무 구멍에서
몸을 내밀어 밖을 살펴보지.

지금은 밤.

달빛과 별빛이 창문을 비출 때
준이는 잠자리에 들어.

하지만 부우의 하루는
지금부터 시작이야.

달이 고요히 세상을 비출 때,

준이는 새근새근 잠을 자고,

부우는 먹이를 사냥하러 나서지.

준이가 꿈나라에서 신나게
놀고 있을 때…….

부우는 새끼들에게
먹이를 물어다 주지.
새끼들은 더 달라고 자꾸만 보채.

지금은 **새벽***.

다시 사냥에 나선 부우는
들쥐를 낚아채려고 해.

다시 아침이 되자,
준이가 일어나 기지개를 쭉 켜지.

둥지로 돌아온 부우는 새끼들과 함께 **소르르*** 잠이 들어.

같으면서도 다른 하루.

준이와 부우가 왜 만나기 힘든지 이젠 알겠지?

신나는 과학놀이

문제 밤에 활동하는 솔부엉이 부우와는 달리 주로 **낮에 활동하는 동물**을 고르세요.

① 
박쥐

② 
너구리

③ 
들쥐

④ 
토끼

정답은? ① ② ③ ④

문제 다음 중 준이와 부우의 하루 일과로 **잘못된 것**은 어느 것일까요?

① 준이는 아침 일찍 일어나.

② 부우는 한낮에 맛있는 들쥐를 잡아.

③ 부우는 저녁에 잠에서 깨어나 기지개를 켜.

④ 준이는 밤에 잠자리에 들어.

정답은? ① ② ③ ④

정답: 4, 2